AF259822

DÉPOT LÉGAL
Maine-et-Loire
Nº 40
1856

PARQUET

de la

Cour Impériale

D'ANGERS.

ACTE D'ACCUSATION

contre

SECRÉTAIN, ATTIBERT ET AUTRES.

Nous, Procureur Général près la Cour Impériale d'Angers, Chevalier de la Légion-d'Honneur,

En exécution de l'arrêt de cette Cour rendu le vingt-deux septembre mil huit cent cinquante-cinq, qui renvoie en état d'accusation devant la Cour d'Assises de Maine et Loire les nommés :

1º SECRÉTAIN, JEAN-MARIE (32 ans);
2º ATTIBERT, FRANÇOIS (30 ans);
3º PASQUIER, JOSEPH-MARIE (37 ans);
4º DESHAYES, RENÉ (40 ans);
5º BAZILLE, JEAN (27 ans);
6º LAPIERRE, GABRIEL (48 ans);
7º AURAY, LOUIS (22 ans);
8º BAZILLE, MATHURIN (41 ans);
9º BARDOU, JEAN (30 ans);
10º BOILÊME, AUGUSTE (31 ans);
11º GAZEAU, EUGÈNE (30 ans);
12º COUÉ, FRÉDÉRIC (30 ans);
13º FOUIN, LOUIS (27 ans);
14º FROUIN, EUGÈNE (24 ans);
15º CHAUVIN, JEAN-BAPTISTE (35 ans);
16º HARROUIN, PIERRE (35 ans);
17º FROUIN, FRANÇOIS (32 ans);
18º GUÉRIN, FRÉDÉRIC (35 ans);

1856

19° FAUVEAU, Valentin (40 ans);
20° GUY, Louis (23 ans);
21° TENEU, Joseph, père (42 ans);
22° BRIDIER, Urbain (25 ans);
23° JANVIER, Hyacinthe (40 ans);
24° GIRARD, Jean (34 ans);
25° HOUDEBINE, Jean (37 ans);
26° LEMEUNIER, Laurent (31 ans);
27° LEROY, Louis (25 ans);
28° SARRAZIN, Jean (36 ans);
29° TRIDEAU, François (29 ans);
30° HAMARD, René (27 ans);
31° GROUSSIN, François (27 ans);
32° LAILLIÉ, Alexandre (24 ans);
33° PLUMELET, Louis (27 ans);
34° POINTEAU, Joseph (31 ans);
35° NÉGRIER, Michel (29 ans);
36° GAVALAN, Jean (35 ans);
37° ROMÉO, Jules (28 ans);
38° BOULITREAU, Auguste (34 ans);
39° DENIS, Louis (22 ans);
40° BAZILLE, René (45 ans);
41° CACHET, Mathurin, père (46 ans);
42° UBARIN, Urbain, père (46 ans);
43° GATÉ, Charles (22 ans);
44° GIROUARD, Pierre (28 ans);
45° MANCEAU, François (32 ans);
46° THÉBEAU, Jean (39 ans);
47° MAURAT, Pierre (44 ans);
48° AUBRY, René-Félix (19 ans);
49° CHÉREAU, René (33 ans);
50° UBARIN, Louis, fils (20 ans);
51° MAILLARD, Auguste (28 ans);
52° TENEU, Joseph, fils (19 ans);
53° RICHARD, Jean, père (44 ans);
54° MAINGOT, Joseph (37 ans);

55° PLISSIER, Jean (29 ans);
56° MARTINEAU, Joseph (36 ans);
57° MARTINEAU, Pierre (44 ans);
58° BESSON, René (43 ans);
59° BLET, François (52 ans);

Exposons que de la procédure criminelle instruite contre les ci-dessus dénommés par MM. les Conseillers délégués aux termes de l'Arrêt d'Évocation du 31 août 1855, résultent les faits suivants :

La nuit du 26 au 27 août 1855 restera dans nos annales judiciaires, marquée d'un souvenir néfaste et douloureux.

Tandis que sous la protection d'un gouvernement puissant et populaire, dans la confiance que lui inspirait la vigilance de ses Magistrats, une ville de cinquante mille âmes, pleine de sécurité, se livrait au repos de la nuit, une horde tumultueuse de bandits, altérée de sang et de pillage, lui apportait au milieu de son sommeil la dévastation, l'incendie et la mort.

Des malheurs, que rappellent à peine les souvenirs des siècles les plus barbares, ont failli fondre tout-à-coup sur Angers tout entier, sur une population calme et confiante, de mœurs laborieuses et douces, amoureuse avant tout de l'ordre et de la tranquillité dont elle jouit aujourd'hui, troublée à peine dans nos agitations récentes par quelques esprits turbulents et mal inspirés, dont il lui a toujours été facile de comprimer les mauvais desseins ou de déjouer les coupables tentatives.

On se demande avec stupeur où les odieux fauteurs d'une si exécrable entreprise ont pu trouver à se recruter dans ces temps de calme et d'honnêteté publique, dans cette heureuse contrée où le travail abonde et fait à tous une existence facile, dans une population qui n'a jamais manqué de voir, aux instants de gêne ou de souffrance, le dévouement et la charité prêter aux malheureux les plus empressés secours ?

Depuis un certain temps, la justice ne l'ignorait pas, les idées de désordre avaient pris autour de nous de funestes développements. Des théories absurdes, que l'on a décorées du nom de socialisme, et qui n'aboutissent en réalité qu'à la destruction de la société elle-même, ont été acceptées par la partie mauvaise des populations, parce qu'elles flattent et satisfont leurs détestables instincts. On leur montre en perspective le bien de ceux qui possèdent, comme une proie qu'ils ont droit de se partager.

Une société secrète déjà fameuse, a puissamment contribué à exciter dans les esprits vulgaires et peu éclairés ces révoltes de la jalousie et de l'orgueil. *La Marianne*, en effet, multipliait au milieu de nous ses adeptes. La justice avait pu déjà saisir et frapper quelques-uns d'entre eux ; mais les passions mauvaises, avant d'arriver à l'action, s'agitent longtemps dans le mystère et l'ombre, au sein desquels il est le plus souvent difficile de pénétrer. Aussi, les préoccupations avouées des esprits clairvoyants semblaient à beaucoup de gens, rebelles à l'évidence même, n'être que des rêves sans réalité ; les menaces parfois entendues n'étaient pour eux que des paroles sans intention et sans importance ; le danger signalé n'était qu'un fantôme ; et c'était assez du calme et de l'assurance qu'ils montraient pour faire ce fantôme s'évanouir à leur gré.

L'attentat commis à Angers dessillera certainement tous les yeux ; il jette, grâce au ciel, une éblouissante lumière sur les ténébreux complots qui menacent la société ; il a fait sortir de leur fange impure et monter jusqu'à nous ces malfaiteurs vulgaires qui s'agitaient dans l'ombre et dont on niait l'existence ou les projets. Nous avons entendu leur atroce langage ; nous avons vu leurs œuvres criminelles : celui-là serait un insensé qui douterait encore des dangers qui nous entourent et nous pressent !

Avant les œuvres qui se sont produites, il convient d'examiner le langage que tiennent ouvertement ces ennemis de l'ordre social. Ce langage, nous le retrouverons dans le serment de la société secrète dont nous avons parlé ; dans les proclamations séditieuses que l'on a trouvées affichées, ou dans les lettres confidentielles qui ont été saisies ; nous l'entendrons enfin dans la bouche même de l'un des principaux accusés, de celui qui marchait à la tête de la bande armée par qui nous avons été envahis et qu'il avait haranguée dans un style sans détour et sans feinte au moment du départ.

Le serment de *la Marianne* nous est révélé sans hésitation par plusieurs de ceux même qui l'ont prêté. Il a, suivant les circonstances, offert plusieurs variantes depuis quelques années ; mais quelle qu'ait été sa formule, il a toujours eu pour but d'enlever celui qui le prête à son libre arbitre ; de l'obliger à sacrifier sa famille et lui-même pour seconder les entreprises les plus criminelles ; de le conduire à l'assassinat, s'il devient utile ; et dès lors le poignard, sur lequel l'adepte a juré, doit servir à le frapper lui-même, s'il révèle jamais le secret de la ténébreuse association.

Devant un engagement aussi odieux et coupable, il semble que tout homme eût dû reculer, pourvu qu'il eût encore quelque sentiment de pudeur, quelque lueur d'honnêteté et d'intelligence. Il est triste assurément de penser qu'en France, que dans nos paisibles contrées surtout, le nombre des adhérents à de pareilles maximes a été considérable, effrayant : funeste entraînement des idées de désorganisation et de troubles! Partout autour de nous se connaissent et se comptent ces ennemis de l'ordre social, ces vandales enrégimentés, qui se disent prêts à marcher au premier signal. Au moment où s'accomplissait l'attentat dont nous avons failli devenir les victimes, le mot d'ordre était donné dans un certain nombre de localités qui nous environnent. On les a senties à cette heure travaillées par une émotion sourde et violente, à travers laquelle les plus affreux projets se faisaient jour et se manifestaient.

Ainsi, à Montsoreau, le jour même de l'insurrection d'Angers, on comptait ouvertement les maisons à livrer au pillage, et l'on désignait tout haut les têtes à sacrifier. La seule nouvelle de l'insuccès essuyé par nos insurgés a fait rentrer dans l'ombre et le silence toutes ces aspirations violentes et tumultueuses, qui n'attendaient qu'une occasion pour se traduire en actes criminels. Ces hommes, qui n'ont été coupables qu'en projet, auront à répondre d'eux-mêmes devant une autre juridiction.

A Montrevault, le 4 septembre, un placard affiché pendant la nuit soulevait l'indignation des gens honnêtes : « A la prochaine reprise, y lisait-on, nous tâ-
» cherons d'attaquer le principal. Nous croyons que dix mille hommes bien
» armés comme nous sommes, feront bien trembler le département..... Pas
» de noblesse ! Pas de clergé ! leur bien se vendra, comme l'on a déjà fait. Au
» premier coup, nous sommes prêts ! »

A Chalonnes, une lettre était saisie le 3 septembre, qui, sans porter de date et sans signature, doit être antérieure aux événements qui venaient de s'accomplir : « Notre soulèvement est pourtant fixé, dit le correspondant anonyme ;
» il sera le jour de la lettre R connue dans notre conspiration. Ce même jour et
» même heure, les quatre parties de la France crieront : A bas les tyrans !....
» le feu dans tous les quartiers ! le pillage, le sang de tous ceux qui veulent nous
» faire mourir de faim ! C'est le seul cri adopté ! »

Dans une autre ville, le 1ᵉʳ septembre, autre placard séditieux : « Vive la
» république rouge ! Vive *Charlotte* pour les bourgeois !.... Sous peu de temps,
» *Charlotte* fera son jeu. Nous sommes ici plus de quinze cents prêts à nous
» révolter ! »

Devons-nous ajouter que les communes rurales elles-mêmes sont, en partie du moins, envahies à leur tour par le même fléau ; et que l'appât du pillage que l'on promet vient arracher les cultivateurs eux-mêmes à leurs mœurs laborieuses et paisibles ? « Nous sommes plus de dix mille en ce pays, disait » dernièrement l'un d'eux dans une confidence, dont le secret est venu aux » oreilles de la justice. Au signal donné, nous nous lèverons en masse, et nous » détruirons les municipalités, le clergé et la noblesse. *On nous promet ensuite* » *trois ou quatre jours de pillage ; et l'ordre rétabli, nous rentrerons dans nos* » *foyers.* »

Dans un pareil langage, il faut bien le dire, le crime semble s'élever jusqu'à la folie. Mais ce qui doit en lui frapper surtout la France tout entière, c'est le danger que créent pour elle ces épouvantables doctrines, alors qu'elles sont acceptées sans indignation par tant d'hommes, de qui la société, semble-t-il, ne devrait rien avoir à redouter.

Ainsi, lorsqu'au moment de conduire sur Angers les six ou sept cents hommes que le projet conçu contre la ville avait réunis dans les plaines de Trélazé, *Attibert*, leur chef, prononça devant eux une harangue, ses paroles ne dissimulèrent rien des intentions odieuses qu'il s'agissait de réaliser : « La république » démocratique et sociale est proclamée, s'est-il écrié. La France entière est en » révolution. *Nous pouvons à présent piller et voler à notre aise.* En avant ! » Celui qui reculera sera fusillé. »

Et l'on a marché, l'on a suivi le chef qui venait de tenir un pareil langage ! Et pas une voix, pas une ! ne s'est élevée pour protester contre cet infâme programme ! Tous sont venus vers la ville qu'on leur désignait comme une proie facile, prêts sans doute à prendre leur part des crimes annoncés et du butin promis !

Il faut cependant reconnaître, parmi ces instincts grossiers et violents que mettait en mouvement l'attrait du pillage, une pensée plus réfléchie et plus perfidement calculée pour assurer le succès de la révolte et tâcher d'en prolonger la durée. Ce n'était pas assez sans doute de faire irruption pendant la nuit sur la ville, de la surprendre dans son sommeil et de la traiter en conquérant impitoyable pendant quelques heures ; il fallait songer encore à s'y maintenir, en attendant que l'exemple ainsi donné fût imité ailleurs, et que l'incendie du désordre eût couvert le pays entier.

Aussi, dans ce but désormais incontestable, c'est sur le château d'Angers que s'était concentrée la pensée de ceux qui présidaient à l'action générale ; c'est lui d'abord dont ils méditaient de s'emparer par une ruse combinée avec la violence, en se proposant d'y pénétrer sous le costume des gendarmes de Trélazé qu'on voulait dépouiller pour ce but ; et tandis qu'on livrait aux mains avides des pillards les riches demeures des propriétaires et les somptueux magasins des commerçants, c'était dans la citadelle que la sédition établissait son siége, d'où elle pouvait appeler à la soutenir dans une lutte sérieuse, tous ceux qui rêvent le désordre et le bouleversement.

Cette lutte sanglante, cette révolte audacieuse n'eût pas manqué de s'étendre et de s'allumer de toutes parts...... — Pourquoi le point de départ s'est-il fixé à Angers ? Pourquoi la tentative insensée et criminelle n'a-t-elle pas, comme on le proclamait dans cette nuit fatale, éclaté partout à la fois ? Y a-t-il eu méprise dans les ordres transmis ou impatience désordonnée dans l'exécution ? Là sans doute est le secret des principaux coupables ; l'avenir peut-être nous viendra le révéler.

Ce que nous savons aujourd'hui, c'est qu'un émissaire de cette troupe factieuse est allé à Paris dans les jours qui ont immédiatement précédé l'attentat, et qu'aussitôt après son retour, qui eut lieu la veille même, le bruit se répandit avec rapidité sur les carrières, que *Secrétain* était arrivé de Paris et qu'il apportait pour le 27 l'ordre du soulèvement général.

L'accusé *Secrétain* semble avoir joué le rôle de l'organisateur politique, et *Attibert*, son principal lieutenant, celui du chef militaire de cette abominable expédition. Le premier, homme médiocre et peu énergique, affecte un langage sentencieux, et cherche à revêtir de mots retentissants et de formules sonores les vulgarités de sa pensée et les nullités de son esprit. Il apporte jusque dans les réponses de ses interrogatoires ce style prétentieux et factice ; et bientôt même il refuse de répondre, en proclamant fastueusement qu'il s'est dévoué pour le bonheur du peuple et qu'il ne regrette pas de succomber victime de ce dévouement.

Attibert est l'homme d'action, résolu, violent, implacable. Son discours dans les plaines le peint tout entier. Il offre à ceux qui le suivent le pillage pour récompense ; il promet à ceux qui reculeraient la mort pour châtiment.

Ce fut le samedi 18 août que *Secrétain* se rendit à Paris. C'est vraisemblablement la société de *la Marianne* qui a soldé les frais de son voyage. Quelques jours avant son départ, dans le cabaret du nommé *Sarrazin*, l'un des accusés, il lui fut remis un sac d'argent par une sorte de comité composé des accusés *Attibert*, *Pasquier* et *Bazille Jean*.

Ce qu'il a fait à Paris pendant huit jours entiers qu'a duré son absence, il refuse absolument de le faire connaître. Il n'a fait ce voyage, dit-il, que pour son plaisir ; et il ne veut désigner ni la maison où il a logé, ni la rue et le quartier où elle est située, ni le nom d'une seule des personnes qu'il y a vues.

Il revient à Angers le samedi 25, et tout aussitôt on le voit en compagnie de l'un des hommes les plus compromis de la ville, qui jusqu'à ce jour a su se dérober aux recherches de la Justice.

A peine *Secrétain* a-t-il reparu, qu'un bruit se répand aussitôt parmi les conjurés. On se redit de toutes parts qu'il a pris à Paris le mot d'ordre, et que le soulèvement général est résolu pour la nuit du dimanche au lundi, du 26 au 27 août. Ce bruit circule avec assurance et certitude ; et de même que peu de jours auparavant les accusés *Fauveau*, *Teneu père* et *Maurat* disaient hautement que *le grand coup allait bientôt être porté ;* de même, à partir du retour de *Secrétain*, nul n'hésite à prendre et donner rendez-vous dans ce but pour la soirée du dimanche.

C'était bien sans doute dans la commune de Trelazé, au sein de la population des ouvriers de carrière, que les chefs de l'insurrection comptaient réunir les forces les plus imposantes ; mais le complot avait étendu et multiplié ses ramifications dans les communes voisines, et la population des Ponts-de-Cé devait également fournir un nombreux contingent. Angers, de son côté, avait promis un secours efficace et résolu. Dans notre ville, où la Justice a déjà découvert et puni plus d'un membre de *la Marianne*, on trouvait le concours énergique de tous les hommes perdus à l'avance par d'abominables doctrines, de ces hommes connus depuis longtemps par la Justice, et qu'elle n'a pas été surprise de retrouver et de saisir aux premiers rangs des auteurs de cet attentat désespéré.

Après leur avoir donné le mot d'ordre dès le samedi, *Secrétain* s'était rendu le dimanche sur les carrières, au centre de son action. Là, on l'avait vu pérorer au milieu de ses affidés ; et, vers deux heures, il les quittait, en annonçant qu'il se rendait en ce moment aux Ponts-de-Cé.

On s'était préparé à l'avance : l'ordre transmis trouva chacun tout prêt. Les plans arrêtés, autant du moins que l'information les a fait connaître, dénotent plus d'audace que d'habilité, plus de sécurité que de prudence. Convoquées et réunies dans les plaines de Trelazé, les bandes armées devaient marcher sur Angers vers deux heures du matin. A l'entrée des premières rues, devaient se trouver rassemblés en masse tous les conjurés de la ville. On s'emparait du château ; on surprenait la caserne ; on envahissait la préfecture ; la banque et la recette générale n'étaient point oubliées dans ces hardis projets ; et, maîtres alors des points les plus importants , les pillards se répandaient dans la ville , qu'ils devaient livrer eux-mêmes à l'incendie, s'il en était besoin pour paralyser la résistance des habitants.

A quoi a-t-il tenu que d'aussi abominables desseins ne fussent exécutés ? On croyait surprendre la ville endormie et l'autorité sans défiance. A peine aurait-on à lutter, à combattre. On tenait le succès pour certain.

La providence n'a pas voulu qu'il en fût ainsi. Elle a permis à ces misérables d'accomplir leur crime , et de s'y avancer autant qu'il leur était possible sans qu'un seul malheur restât à déplorer, sans qu'une goutte de sang fût répandue , même dans les rangs de nos odieux agresseurs.

De vagues rumeurs et des renseignements incertains avaient suffi pour mettre l'autorité sur ses gardes. Tout en refusant de croire à l'exécution d'un complot si audacieux, si insensé, elle avait dû prendre les mesures de prudence et de sûreté que la situation rendait nécessaires. La police était avertie, la garnison consignée ; la gendarmerie , dont le dévouement est toujours sans bornes , était partout ; et les fonctionnaires principaux des ordres civil et militaire étaient réunis autour du premier Magistrat du département.

Grâces soient rendues à tous pour le concours énergique et dévoué que tous ont apporté, chacun dans la limite de ses fonctions et la mesure de ses forces ! Dans ces circonstances suprêmes , nul n'a manqué à son devoir ; nul n'est resté au-dessous du grand rôle qu'il avait à remplir. C'est à la justice aujourd'hui, c'est au jury qu'il appartient de s'élever à son tour à la hauteur du sien.

Cependant la soirée s'avançait, et nul indice de trouble et de violence ne semblait se révéler. Les conjurés attendaient , avec patience et calme , l'heure qui devait les réunir, pour se porter au-devant des bandes de Trelazé et leur prêter une énergique coopération.

Minuit approchait, lorsque la police reconnut qu'un rassemblement silencieux commençait à se former sur la promenade du Mail. Aussitôt quatre inspecteurs se glissent avec précaution dans l'ombre des arbres ; et tout-à-coup, sans consulter le danger ni les chances d'une lutte possible , tous les quatre se précipitent résolument, au pas de course , sur un groupe compact d'une quarantaine d'hommes , qui presque tous étaient armés. Ainsi surpris à l'improviste, ces malfaiteurs ne devaient point songer à résister ; l'heure de la lutte n'était point arrivée ; et la commencer en ce moment eût été compromettre le succès d'une entreprise, qui semblait assurée à l'heure convenue. Le groupe se dispersa donc aussitôt, chacun fuyant dans toutes les directions ; et, profitant alors de leurs avantages, les agents de la force publique parvinrent à pratiquer successivement plusieurs arrestations.

Là furent saisis quelques-uns des accusés, que l'on ne doit pas s'étonner, en raison de leurs antécédents, de retrouver dans cette occurrence. Ce sont les nommés *Guérin*, déjà condamné pour provocation à la révolte, et qui était armé d'une lance au moment de son arrestation ; les deux *Frouin*, socialistes ardents ; le plus jeune avait dans les mains une hache dont il a menacé l'agent qui s'emparait de lui ; *Chauvin*, ancien condamné de *la Marianne*, et *Harrouin*, condamné également pour cris séditieux ; tous les deux, à l'instant de leur arrestation, avaient leurs poches chargées de pierres.

Dans ce même moment, par une circonstance qu'on peut dire providentielle, l'accusé *Secrétain* était également arrêté, porteur d'un fusil. Tandis qu'*Attibert* se mettait, ainsi que nous allons le voir, à la tête des conjurés, venus à la fois de Trélazé et des Ponts-de-Cé, *Secrétain* avait pris la mission de venir diriger ceux de la ville, et de les conduire au-devant des premiers, afin d'agir au moment venu avec tout l'ensemble désirable. C'était dans le faubourg de la Madeleine que la rencontre devait s'opérer ; et l'on verra bientôt l'influence qu'a produite sur l'événement lui-même, l'épisode important que nous venons de rapporter, lorsque l'hésitation et l'incertitude envahirent les rangs des insurgés étrangers, qui ne trouvèrent pas à leur arrivée ceux de la ville aux lieux assignés pour le rendez-vous.

Ces arrestations ainsi opérées, le caractère et l'attitude de ceux dont on venait de s'emparer ne devaient plus laisser aucun doute dans l'esprit des Magistrats sur la réalité de l'entreprise annoncée. Des mesures énergiques furent prises à l'instant même. La troupe fut conduite dans le faubourg par lequel les insurgés devaient arriver sur la ville, et répartie dans les rues adjacentes. M. le général d'Angell de Kleinfeld la commandait en personne. M. le Préfet se tenait sur les lieux, entouré des Magistrats des parquets de la Cour et du Tribunal, des officiers de la Gendarmerie, des Commissaires de police et de plusieurs autres fonctionnaires qui venaient prêter à l'autorité principale le concours de leur présence et l'appui de leur dévouement. Des éclaireurs furent envoyés sur la route, et l'on attendit ainsi le moment suprême, le moment d'une lutte qui pouvait être acharnée et sanglante, mais dans laquelle on ne devait pas craindre de succomber, ayant pour soi la loi, le droit, la justice et l'honnêteté.

Pendant ce temps, les événements avaient marché à Trelazé. Vers dix heures du soir, les affidés de *la Marianne* se trouvaient déjà réunis en nombre suffisant pour agir; et parmi ceux que l'information a fait connaître comme les chefs de l'insurrection, les accusés *Attibert, Coué* et *Gazeau* décidèrent de commencer aussitôt l'attaque de la caserne de la gendarmerie. Un rassemblement déjà nombreux se présenta devant la porte, au seuil de laquelle se tenaient alors le brigadier et les gendarmes de la brigade, en compagnie du garde champêtre de la commune. Des pourparlers eurent lieu; des efforts furent tentés pour apaiser l'irritation croissante à chaque instant des agresseurs. Aux premiers rangs de ceux-ci se trouvait l'accusé *Teneu père;* il portait sous sa blouse un objet, qui fut facilement reconnu pour être un pistolet. Le brigadier et le garde champêtre Chesneau l'arrêtèrent, et se saisirent de son arme; cette arme était chargée.

L'arrestation de *Teneu* sembla porter à son comble l'exaspération de la foule. Elle demanda violemment sa mise en liberté. Parmi les plus acharnés alors se distinguait l'accusé *Girard.* Quelques promesses furent faites de se retirer, si les gendarmes consentaient à relâcher leur prisonnier. *Teneu* fut autorisé à sortir par les derrières de la caserne; mais tout aussitôt cet homme fit un détour et vint rejoindre les assaillants, qui se montrèrent, à partir de ce moment, plus résolus et plus violents que jamais. Les gendarmes furent contraints de rentrer dans leur caserne et d'en fermer les issues. Alors un véritable assaut commença. Des actes de violence de toute nature furent accomplis; un coup de fusil fut tiré dans la porte; et la balle, après l'avoir traversée, passa près d'un gendarme pour aller se perdre dans le jardin. C'est l'accusé *Blet,* qui, d'après plusieurs témoignages, a tiré ce coup de feu. Bientôt des moyens plus énergiques encore sont employés, et la porte cède sous les coups de hache répétés de l'accusé *Guy.* Alors les gendarmes se retirent, après avoir fait s'enfuir leurs familles; et tandis que l'un d'eux franchit le mur qui sépare le jardin des champs, deux coups de feu sont tirés sur lui sans qu'il soit atteint. Dès ce moment, la caserne est envahie et livrée au pillage; on cherche partout les armes de toute espèce et les munitions, et les assaillants s'en emparent. Les carabines des gendarmes, leurs sabres et leurs buffleteries, l'épée du brigadier ont été vus ou saisis plus tard aux mains de plusieurs des accusés.

Parmi ceux qui se sont fait remarquer par le plus de violence dans cette attaque de la caserne, l'information signale, après ceux que nous venons de nommer, les accusés *Pasquier, Fauveau, Bridier, Janvier, Houdebine, Lemeunier, Leroy* et *Sarrazin.*

Le premier acte de l'expédition se trouvait accompli, et l'on avait dispersé les quelques agents de la force publique dont on eût pu craindre l'intervention ou la surveillance. Le Maire, dont l'énergie bien connue eût fait un obstacle de plus à ces coupables entreprises, était absent de la commune, par une regrettable coïncidence; on put alors continuer sans résistance l'œuvre ainsi commencée. Il fallait des armes et des munitions; on en chercha et l'on en prit partout où cela fut possible, dans les maisons particulières, aussi bien que dans les magasins des carrières.

Ainsi une bande pénétra dans les bâtiments des Fresnaies; le magasin à poudre fut ouvert à l'aide d'une fausse clé, dont l'information établit l'existence aux mains de l'accusé *Trideau*, employé de cette carrière, et l'on s'empara d'une certaine quantité de poudre de mine, dont l'usage devait se trouver au besoin dans l'attaque de la ville. *Trideau* seul est signalé dans cette expédition par la procédure.

Les magasins de l'Hermitage ont été envahis de la même manière par une bande nombreuse, dans laquelle se sont montrés les accusés *Pasquier, Deshayes, Hamard, Groussin, Bridier* et *Laillié*. Une grande quantité de poudre de mine en a encore été enlevée; des haches, des outils propres à l'attaque ont été pris; et pour transporter ces masses de munitions et d'armes, un cheval choisi dans les écuries a été attelé à une charrette de l'établissement, sur laquelle ont été accumulés tous ces moyens de destruction que l'on traînait vers Angers, c'est-à-dire plus de deux cents kilogrammes de poudre, des mèches, des outils de toutes sortes, et, ce qu'il faut noter, des leviers, des tarières, des pinces; ce qui faisait les accusés armés plutôt comme des voleurs que comme des soldats. C'est l'accusé *Hamard* qui s'est fait le conducteur de la charrette ainsi chargée jusque dans l'intérieur de la ville.

A partir de ce moment, les maisons des particuliers sont envahies par la violence et dépouillées des armes que l'on y trouve.

Chez M. Baudouin, régisseur de la carrière de l'Hermitage, divers actes de violence sont accomplis, et l'on enlève de sa maison deux pistolets, les seules armes qu'il possède. Dans cette circonstance sont signalés les accusés *Pasquier, Lapierre* et *Bridier*.

M. David, le maire de Trelazé, était absent. Mme David voit tout-à-coup sa maison envahie, et les assaillants s'emparent de deux fusils appartenant à son mari. Là se montre encore *Attibert*; et près de lui Mme David reconnaît également l'accusé *Auray*.

C'est toujours *Attibert* qui conduit la bande, quand elle se présente chez M. Bouillé, auquel on enlève à son tour un fusil, qu'il ne cède qu'à la force.

Le sieur Gasnier, sous la pression de semblables violences, livre un fusil, un sabre, une giberne aux accusés *Bardou*, *Boilême* et *Plumelet*, qui s'en partagent la possession.

La maison de M. Pion, lieutenant des pompiers, est également assiégée. Il se cache, pour n'être pas entraîné par les assaillants; ceux-ci pénètrent chez lui, et du fond de sa cachette, il aperçoit *Auray* qui brandit, à la tête de la bande, un sabre dont il vient de s'emparer.

Le sieur Hamon s'est vu à son tour assailli dans sa maison et dépouillé de ses armes. *Pasquier* et *Deshayes* étaient les directeurs de l'attaque; ce dernier, armé d'un fusil.

Les époux Gaultier ont été contraints également de remettre leurs armes aux mains d'une bande nombreuse, dans laquelle figuraient les accusés *Attibert*, *Gazeau*, *Girouard*, *Lemeunier*, *Manceau François*, *Thébeau* et *Maurat*.

Chez Defaye, il y a eu deux scènes d'une égale violence. Vers minuit, plusieurs malfaiteurs se présentent chez lui. C'est *Pointeau*, son voisin, presque son ami, qui les conduit. On envahit son domicile; et, la menace à la bouche, on réclame la remise de ses armes. Defaye livre un pistolet. On insiste alors; on prétend qu'il a d'autres armes encore. Les menaces redoublent; on bouleverse sa maison; l'accusé *Michel Négrier* fouille les lits pièce à pièce; il faut que *Pointeau* intervienne encore, pour que la troupe cesse enfin ses violences et se retire. *Lemeunier* faisait partie de cette expédition.

Vers trois heures du matin, la maison du sieur Defaye est envahie de nouveau. Cette fois c'est l'accusé *Lapierre* qui dirige la bande. Il veut que Defaye le suive à Angers, et il commande six hommes pour l'entraîner de force; ce qui est exécuté. De ces six hommes, deux seulement sont désignés par le témoin; ce sont les accusés *Maingot* et *Roméo*. Il résulte de l'interrogatoire même de *Maingot*, que l'accusé *Boulitreau* a pris en cette circonstance une large part dans les violences exercées sur le sieur Defaye.

Une scène analogue a lieu chez le sieur Houdin, où sont seulement reconnus les accusés *Gazeau* et *Denis*. Le sieur Houdin hésite à livrer ses armes; il est aussitôt accablé des plus violentes menaces; et *Gazeau*, armé déjà d'un fusil, le met en joue à diverses reprises, et lui crie enfin : c'est la troisième sommation; donne vite, ou tu es perdu.

Par les mêmes moyens de violences ou de menaces, sont successivement dépouillés de leurs armes, le sieur Bretais, par les accusés *Deshayes, Boilême* et *Plumelet ;* — Le sieur Louis Lebreton, par *Aubry, Chéreau, Groussin, Ubarin fils, Teneu fils,* et *Maillard ;* — Le sieur Sallé, par *Laillié, Maillard* et *Richard père ;* — Le sieur Sigogne enfin, par les accusés *Gazeau, Maurat, Cachet* et *Maillard.*

Le domicile de deux autres personnes, les sieurs François Lebreton et Minot, a de même été envahi par la violence et la menace ; mais il n'a pas été trouvé d'armes en leur possession. Chez le premier figurait *Lapierre ;* et chez le second, *Joseph Martineau.*

Il nous faut passer sous silence bien d'autres faits semblables, accomplis de la même manière, avec les mêmes menaces et les mêmes actes de violences ; des portes défoncées, des fenêtres brisées ; des habitants paisibles, arrachés de leurs lits et traînés sans vêtements loin de leur demeure. Pour ces actes, les coupables n'ont pas été reconnus par les victimes ; ou peut-être la terreur a paralysé les témoignages, et la justice reste impuissante sur ce point.

Mais nous devons du moins parler d'une dernière scène, dans laquelle deux témoins ont montré un courage digne d'éloges. Les époux Auzanne voient tout-à-coup leur maison assiégée par une horde de ces bandits ; on les menace de mort, s'ils n'ouvrent leur maison ; mais, au lieu d'obéir, la femme barricade fortement la porte, de manière à résister à de violents efforts. Auzanne de son côté monte à l'étage supérieur ; et par une fenêtre, il lance résolument sur les assiégeants les projectiles qu'il a sous la main. Il est à son tour assailli de pierres, dont l'une l'atteint à l'épaule. Un premier coup de feu est tiré sur lui ; mais l'amorce brûle seule. Un second coup fait explosion, aux applaudissements de cette foule barbare ; mais il n'atteint pas Auzanne, qui s'est dérobé à temps. Les violences continuent ; la résistance se prolonge ; et las enfin de leurs inutiles efforts, les malfaiteurs se retirent, en laissant aux époux Auzanne tous les honneurs d'une courageuse défense. La procédure désigne l'accusé *Plissier* comme celui qui a tiré le coup de feu dans cette circonstance.

Tel est le résumé des actes criminels par lesquels les accusés et leurs complices préludaient à d'autres forfaits plus grands. Les destructions de clôtures, les violations de domicile, les menaces et les mauvais traitements envers les personnes ; l'enlèvement des armes et des munitions destinées à produire de plus cruels malheurs, tout cela n'était que le début de leurs projets ; ce début annonce assez tout ce qu'on devait craindre d'eux, si ces malfaiteurs, une fois déchaînés, pouvaient en venir à la réalisation complète de ce qu'ils avaient rêvé.

L'heure s'avançait à grands pas, et le rendez-vous appelait déjà les insurgés aux plaines de Trelazé. Selon l'information, plus de six cents hommes s'y trouvèrent réunis vers deux heures du matin. La commune des Ponts-de-Cé avait fourni son contingent. Quarante individus au moins, munis presque tous d'armes à feu, s'étaient rassemblés sur les bords de l'Authion, et de là s'étaient dirigés vers le lieu de la réunion générale.

C'est alors qu'on voit les chefs principaux partager en sections cette armée sans discipline. Là se distinguent les accusés *Pasquier, Deshayes, Bazille (Jean), Lapierre, Auray, Bardou, Manceau, Gazeau, Coué, Martineau (Pierre),* et le premier de tous, *Attibert.* Un roulement de tambour que fait entendre *Joseph Martineau* impose un instant le silence, et *Attibert* prononce cette harangue que nous avons rapportée, et dans laquelle il appelle au pillage et au vol toute cette horde désordonnée.

Le moment est venu ; on marche sur Angers, et le long de la route se commettent de nouveaux actes de violence contre les habitants demeurés tranquilles jusque-là. En tête de la colonne ont été placés tous les hommes les mieux armés, les plus résolus sans doute. Ils escortent la charrette remplie d'armes et de munitions, dont l'accusé *Hamard* est toujours le conducteur, et sur laquelle *Girouard* se fait traîner, parce qu'il ne marche qu'avec peine.

On arrive à la ville ; on pénètre dans le faubourg de la Madeleine ; c'est là que doivent se trouver réunis les conjurés d'Angers. On parvient à son extrémité, jusqu'au pont placé sur le chemin de fer. Là se manifeste un instant d'hésitation et de trouble, car les complices de la ville ne paraissent point. Tandis que l'on délibère, quelques hommes armés de sabres et de haches profitent de ce temps d'arrêt pour aiguiser ces armes sur les pierres du parapet du pont.....

Bientôt on a pris le parti de détourner la marche et de se diriger par la rue Hannelou vers le champ de Mars, où l'on espère retrouver les *frères* et *amis.* La charrette aux poudres s'engage dans cette direction, toujours entourée d'hommes armés, et la bande entière va suivre..... Mais l'instant décisif était venu, l'instant qu'attendait l'autorité pour l'exécution des mesures prises par elle. Un signal est donné par le général d'Angell lui-même ; et la troupe, embusquée dans la rue Bressigny, se précipite, au pas gymnastique et la baïonnette en avant, sur les flancs de cette bande, qui fuit aussitôt éperdue, et se disperse de tous côtés.

Grâce à cet heureux concours de circonstances que ne pouvait disposer à elle seule la prévoyance humaine, pas un coup de feu n'a été tiré par les agresseurs ainsi surpris et déconcertés, pas une blessure n'a été produite ; la lutte a été étouffée avant de naître, et le courage de nos jeunes et valeureux soldats n'a eu qu'à se montrer, pour disperser cette horde, armée, nous l'avons dit, plutôt pour le vol que pour le combat.

Dans cette fuite désordonnée, un grand nombre d'arrestations ont été faites par la troupe, par la gendarmerie, par la police, sous les yeux et la direction des Magistrats eux-mêmes. Nous ne citerons ici que ceux des accusés contre lesquels la Cour a fait un chef d'accusation d'avoir été saisis sur le lieu de la sédition : ce sont les nommés *Fouin*, *Hamard*, *Houdebine*, *Ubarin père*, *Ubarin fils*, *Lemeunier*, *Maillard et Maurat*.

Sans vouloir analyser d'une manière complète tous les incidents qui se sont produits alors, il est un épisode dont nous ne devons pas négliger de parler ici. Placée en tête de la colonne même, la charrette aux munitions et aux armes était déjà engagée dans la rue Hannelou, au moment de l'apparition impétueuse et subite de la force publique. Elle avait donc pu s'avancer vers l'intérieur de la ville, toujours escortée d'hommes armés; et déjà elle était parvenue près de la place du Ralliement, lorsqu'un inspecteur de police, le sieur Picherit, qui poursuivait de ce côté quelques fuyards, aperçut dans l'ombre cette charrette et son escorte. Aussitôt, ne consultant que son courage, il s'élance, le sabre au poing, en criant : *A moi, la garde !* L'épouvante se met à l'instant parmi ceux qui composent l'escorte; ils s'enfuient à toutes jambes; et le sieur Picherit, resté seul, s'empare de la charrette, qu'il amène triomphalement dans la cour de la Préfecture. Elle était remplie des objets que nous avons indiqués.

Nous n'entrerons pas davantage dans les détails des événements qui ont suivi cet instant suprême d'une crise aussi pleine d'émotions. Les agents de la force publique ont redoublé d'activité tous ensemble, et les Magistrats ont multiplié leurs efforts. En quatre jours une grande partie des coupables a été placée sous la main de la justice. Mais la ville avait ressenti une commotion qui devait se propager dans le pays entier; un de ces actes inouïs, en raison de leur audace et de la portée désastreuse qu'il pouvait avoir, venait d'être commis ; la Magistrature supérieure ne devait pas rester indifférente : elle a jugé que son intervention était commandée par les circonstances; et la Cour Impériale d'Angers, a, par son arrêt du 31 août, évoqué la connaissance de tous les faits qui se rattachent à cette déplorable insurrection.

Bientôt la culpabilité d'un nombre déjà considérable d'inculpés lui a semblé suffisamment établie pour statuer à leur égard; et il n'a pas paru indispensable d'attendre que le sort préliminaire des autres fût réglé, tandis qu'une prompte justice était exigée par les plus sérieux intérêts. Cinquante-neuf accusés ont donc été renvoyés d'abord devant les assises ; tous ont évidemment participé à l'attentat qui avait pour but de porter la dévastation, le massacre et le pillage dans la ville d'Angers ; parmi eux, en outre, quarante-trois ont porté des armes dans le mouvement insurrectionnel ; et de plus, l'accusation relève contre le plus grand nombre d'entre eux, les crimes particuliers dont les charges ont apparu dans cette rapide analyse des faits.

Aujourd'hui ces hommes sont devant leurs juges, devant les juges du pays ; les Magistrats en les y amenant ont accompli loyalement leur devoir : c'est désormais au jury à remplir le sien avec une juste fermeté.

En conséquence, sont accusés :

1° Secrétain Jean, Attibert François, Pasquier Joseph, Deshayes René, Bazille Jean, Lapierre Gabriel, Auray Louis, Bazille Mathurin, Bardou Jean, Boilême Auguste, Gazeau Eugène, Coué Frédéric, Fouin Louis, Frouin Eugène, Chauvin Jean-Baptiste, Harrouin Pierre, Frouin François, Guérin Frédéric, Fauveau Valentin, Guy Louis, Teneu Joseph père, Bridier Urbain, Janvier Hyacinthe, Girard Jean, Houdebine Jean, Lemeunier Laurent, Leroy Louis, Sarrazin Jean, Trideau François, Hamard René, Groussin François, Laillié Alexandre, Plumelet Louis, Pointeau Joseph, Négrier Michel, Gavalan Jean, Roméo Jules, Boulitreau Auguste, Denis Louis, Bazille René, Cachet Mathurin, Ubarin Urbain père, Gâté Charles, Girouard Pierre, Manceau François, Thébeau Jean, Maurat Pierre, Aubry René, Chéreau René, Ubarin Louis fils, Maillard Auguste, Teneu Joseph fils, Richard Jean, Maingot Joseph, Plissier Jean, Martineau Joseph, Martineau Pierre, Besson René, et Blet François,

D'avoir, pendant la nuit du 26 au 27 août 1855, commis un attentat ayant pour but de porter la dévastation, le massacre et le pillage dans la commune d'Angers ;

Ou du moins, Secrétain, Fouin, Frouin Eugène, Frouin François, Guérin, Chauvin, Harrouin ;

D'avoir, avec connaissance, aidé ou assisté les auteurs de l'attentat ci-dessus spécifié, dans les faits qui l'ont préparé, facilité, ou dans ceux qui l'ont consommé ;

BIBLIOTHÈQUE NATIONALE R.F. IMPRIMÉS

Ou encore, Secrétain, d'avoir, par promesses, machinations ou artifices coupables, provoqué à cet attentat ceux qui l'ont commis, ou de leur avoir donné des instructions pour le commettre ;

2° Secrétain, Attibert, Pasquier, Deshayes, Bazille Jean, Lapierre, Auray, Bardou, Gazeau, Coué, Manceau François, Martineau Joseph, Martineau Pierre ,

D'avoir, pendant la nuit du 26 au 27 août 1855, lors de l'attentat qui avait pour but de porter la dévastation, le massacre et le pillage dans la commune d'Angers, et qui a été exécuté ou simplement tenté par une bande armée, fait partie de cette bande, et d'y avoir exercé une fonction, un emploi ou commandement quelconques;

3° Secrétain, Chauvin, Fouin, Frouin Eugène, Frouin François, Guérin , Hamard, Houdebine, Ubarin père, Ubarin fils, Lemeunier, Maillard, Maurat et Harrouin ,

D'avoir, pendant la nuit du 26 au 27 août 1855, lors de l'attentat qui avait pour but de porter la dévastation, le massacre et le pillage dans la commune d'Angers, et qui a été exécuté ou simplement tenté par une bande armée, fait partie de cette bande, et d'avoir été saisis sur le lieu de la réunion séditieuse ;

4° Secrétain, Attibert, Pasquier, Bazille Jean, Deshayes, Lapierre, Auray, Bardou, Bazille Mathurin, Besson, Cachet père, Chauvin, Chéreau, Coué, Fauveau, Frouin Eugène, Gavalan Jean, Gazeau, Girard, Girouard, Guérin, Guy, Hamard, Harrouin, Ubarin père, Janvier, Laillié, Maillard, Manceau François, Martineau Joseph, Martineau Pierre, Maurat, Maingot, Plissier, Pointeau, Richard père, Roméo, Sarrazin, Teneu père, Teneu fils, Thébeau, Trideau et Blet ,

D'avoir, pendant la nuit du 26 au 27 août 1855, à Angers, ou communes environnantes, porté, dans un mouvement insurrectionnel, des armes apparentes ou cachées, ou des munitions ;

Avec cette circonstance que Plissier, Blet et Gazeau ont fait usage de leurs armes ;

5° Attibert, Coué, Gazeau, Pasquier, Guy, Fauveau, Teneu père, Bridier, Janvier, Girard, Houdebine, Lemeunier, Leroy, Sarrazin et Blet ,

D'avoir, pendant la nuit du 26 au 27 août 1855, dans un mouvement insurrectionnel, à Trelazé, envahi, à l'aide de violences ou de menaces, la maison habitée par la Gendarmerie ;

6° Les mêmes,

De s'être, au même moment et au même lieu, dans un mouvement insurrectionnel, emparé d'armes ou de munitions, soit à l'aide de violences ou de menaces, soit par le pillage de la caserne des gendarmes, soit par le désarmement de ces agents de la force publique ;

7° Trideau,

De s'être, pendant la nuit du 26 au 27 août 1855, à Trelazé, dans un mouvement insurrectionnel, emparé de munitions, soit à l'aide de violences ou de menaces, soit par le pillage des magasins de la carrière des Fresnaies ;

8° Pasquier, Deshayes, Hamard, Groussin, Bridier et Laillié,

De s'être, pendant la nuit du 26 au 27 août 1855, à Trelazé, dans un mouvement insurrectionnel, emparé d'armes et de munitions, soit à l'aide de violences ou de menaces, soit par le pillage des magasins de la carrière de l'Hermitage ;

9° Pasquier, Lapierre et Bridier,

De s'être, pendant la nuit du 26 au 27 août 1855, à Trelazé, dans un mouvement insurrectionnel, emparé, à l'aide de violences ou de menaces, d'armes appartenant au sieur Baudouin ;

10° Attibert et Auray,

D'avoir, pendant la nuit du 26 au 27 août 1855, à Trelazé, dans un mouvement insurrectionnel, envahi, à l'aide de violences ou de menaces, la maison habitée par M. David, maire ;

11° Les mêmes,

De s'être, au même moment et au même lieu, dans un mouvement insurrectionnel, emparé, à l'aide de violences ou de menaces, d'armes appartenant au sieur David, maire ;

12° Attibert,

D'avoir, pendant la nuit du 26 au 27 août 1855, à Trelazé, dans un mouvement insurrectionnel, envahi, à l'aide de violences ou de menaces, la maison habitée par le sieur Bouillé ;

13° Le même,

De s'être, au même moment et au même lieu, dans un mouvement insurrectionnel, emparé, à l'aide de violences ou de menaces, d'armes appartenant au sieur Bouillé ;

14° Bardou, Boilême et Plumelet,

De s'être, pendant la nuit du 26 au 27 août 1855, à Trelazé, dans un mouvement insurrectionnel, emparé, à l'aide de violences ou de menaces, d'armes appartenant au sieur Gasnier ;

15° Auray,

D'avoir, pendant la même nuit, à Trelazé, dans un mouvement insurrectionnel, envahi, à l'aide de violences ou de menaces, la maison habitée par le sieur Pion ;

16° Le même,

De s'être, au même moment et au même lieu, dans un mouvement insurrectionnel, emparé, à l'aide de violences ou de menaces, d'armes appartenant au sieur Pion ;

17 Pasquier et Deshayes,

D'avoir, pendant la même nuit, à Trelazé, dans un mouvement insurrectionnel, envahi, à l'aide de violences ou de menaces, la maison habitée par le sieur Hamon ;

18° Les mêmes,

De s'être, au même moment et au même lieu, dans un mouvement insurrectionnel, emparé, à l'aide de violences ou de menaces, d'armes appartenant au sieur Hamon ;

19° Pointeau, Négrier Michel, Gavalan Jean, Lapierre, Maingot, Roméo et Boulitreau,

D'avoir, pendant la même nuit, à Trelazé, dans un mouvement insurrectionnel, envahi, à l'aide de violences ou de menaces, la maison habitée par le sieur Defaye ;

20° Pointeau, Négrier Michel, et Gavalan Jean,

De s'être, au même moment et au même lieu, dans un mouvement insurrectionnel, emparé, à l'aide de violences ou de menaces, d'armes appartenant au sieur Defaye ;

21° Gazeau et Denis Louis,

D'avoir, pendant la même nuit, à Trelazé, dans un mouvement insurrectionnel, envahi, à l'aide de violences ou de menaces, la maison habitée par le sieur Houdin ;

22° Les mêmes,

De s'être, pendant la même nuit et au même lieu, dans un mouvement insurrectionnel, emparé, à l'aide de violences ou de menaces, d'armes appartenant au sieur Houdin ;

23° Attibert, Coué, Pasquier, Bazille René, Cachet père, Ubarin père, et Gâté Charles ,

De s'être, pendant la même nuit , à Trelazé , dans un mouvement insurrectionnel, emparé, à l'aide de violences ou de menaces, d'armes appartenant au sieur Launay ;

24° Attibert, Gazeau, Girouard, Lemeunier, Manceau François, Thébeau et Maurat,

D'avoir, pendant la même nuit et au même lieu, dans un mouvement insurrectionnel, envahi, à l'aide de violences ou de menaces, la maison habitée par le sieur Gaultier Jules ;

25° Les mêmes,

De s'être, au même moment et au même lieu, dans un mouvement insurrectionnel, emparé, à l'aide de violences ou de menaces, d'armes appartenant au sieur Gaultier Jules;

26° Deshayes, Boilême et Plumelet,

D'avoir, pendant la même nuit, à Trelazé, dans un mouvement insurrectionnel, envahi, à l'aide de violences ou de menaces, la maison habitée par le sieur Bretais ;

27° Les mêmes,

De s'être, au même moment et au même lieu, dans un mouvement insurrectionnel, emparé, à l'aide de violences ou de menaces, d'armes appartenant au sieur Bretais ;

28° Aubry, Chéreau, Groussin, Ubarin fils, Maillard et Teneu fils,

D'avoir, pendant la même nuit, à Trelazé, dans un mouvement insurrectionnel, envahi, à l'aide de violences ou de menaces, la maison habitée par le sieur Lebreton Louis ;

29° Les mêmes,

De s'être, au même moment et au même lieu, dans un mouvement insurrectionnel, emparé, à l'aide de violences ou de menaces, d'armes appartenant au sieur Lebreton Louis ;

30° Laillié, Maillard et Richard,

D'avoir, pendant la même nuit, à Trelazé, dans un mouvement insurrectionnel, envahi, à l'aide de violences ou de menaces, la maison habitée par le sieur Sallé ;

31° Les mêmes,

De s'être, au même moment et au même lieu, dans un mouvement insurrectionnel, emparé, à l'aide de violences ou de menaces, d'armes appartenant au sieur Sallé ;

32° Gazeau, Maurat, Cachet père et Maillard,

De s'être, pendant la même nuit, à Trelazé, dans un mouvement insurrectionnel, emparé, à l'aide de violences ou de menaces, d'armes appartenant au sieur Sigogne ;

33° Lapierre,

D'avoir, pendant la même nuit, à Trelazé, dans un mouvement insurrectionnel, envahi, à l'aide de violences ou de menaces, la maison habitée par le sieur Lebreton ;

34° Martineau Joseph,

D'avoir, pendant la même nuit, à Trelazé, dans un mouvement insurrectionnel, envahi, à l'aide de violences ou de menaces, la maison habitée par le sieur Minot ;

Crimes prévus et punis par les articles 59, 60 du code pénal, 91, § 1er, 97 du même code, l'article 5, §§ 1er et 3, articles 6, 7 de la loi du 24 mai 1834 de la compétence des Cours d'Assises.

Fait au Parquet de la Cour Impériale d'Angers, le 25 septembre 1855.

Le Procureur Général Impérial,

MÉTIVIER.

Angers, imp. de Lainé frères. — Sept. 1855.

www.ingramcontent.com/pod-product-compliance
Lightning Source LLC
Chambersburg PA
CBHW050807070726
47595CB00015B/3018